キャリア教育に活きる！

仕事ファイル

センパイに聞く

⑩ 住まいの仕事

デベロッパー
建築家
大工
家具職人
プロダクトデザイナー
生活雑貨バイヤー

⑩ 住まいの仕事

Contents

File No.49
デベロッパー ……………… 04
田中章斗さん／小田急不動産

File No.50
建築家 ……………… 10
半田悠人さん／DELICIOUS COMPANY

File No.51
大工 ……………… 16
遠藤莉保さん／平成建設

File No.52
家具職人 ……………… 22
武内舞子さん／KOMA

キャリア教育に活きる! 仕事ファイル

File No.53
プロダクトデザイナー ····· ㉘
伏見大祐さん／amadana
（ふしみだいすけ）（アマダナ）

File No.54
生活雑貨バイヤー ············· ㉞
小泉春乃さん／プラザスタイル
（こいずみはるな）

仕事のつながりがわかる
住まいの仕事 関連マップ ································· ㊵

これからのキャリア教育に必要な視点 10
芸術と暮らしをつなぐコミュニケーション ···················· ㊷

さくいん ··· ㊹

※この本に掲載している情報は、2018年4月現在のものです。

File No.49

デベロッパー
Developer

小田急不動産
田中章斗さん
入社6年目 27歳

暮らす人たちが
幸せになれる
そんなまちを
つくりたいんです

デベロッパーとは、家を建てるだけでなく、まちそのものを開発する会社のことです。小田急不動産で働く田中章斗さんは、そのなかで住宅街を開発する仕事をしています。どうやって企画を考え、それを実現していくのか、お話をうかがいました。

Q どんなところがやりがいなのですか?

住宅は、お客さまにとって一生のうちに何度もしない大きな買い物です。その一大イベントで、ぼくたちが企画した住宅をお客さまに購入してもらい、まちを気に入って長く住んでもらえることが、何よりもうれしいです。

お客さまから「この家を買ってよかった」「このまちは住みやすくて快適な暮らしができる」などと言ってもらえると、この仕事をやってよかったと心から達成感が得られます。

「自分が企画した住宅街が完成したら、現地に足を運んで、家に不具合がないか、一戸ずつ検査を行います」

Q デベロッパーとはどんな仕事ですか?

デベロッパーはまちを企画し、開発します。企画の規模はさまざまで、道路や公園、店までふくめた大規模なものもあれば、マンション1棟だけをつくることもあります。

ぼくの会社は、東京と神奈川を中心に、まちをつくる仕事をしています。そのなかでも、ぼくが担当しているのは、一戸建てが並ぶ住宅街の開発です。

まずは、土地を購入する部署が、地主さんが売ろうとしている土地や工場の跡地など、まとまった土地を見つけます。そうしたら、ぼくが、そこに住むであろう人の年代や家族構成などを予測して、まちの雰囲気や戸数、住宅の値段などを考え、住宅街のコンセプトを決めていきます。

次に、家の企画をします。どんな人が住む見こみなのかを考え、建築設計事務所※やハウスメーカー(住宅建設会社)と、家の設計を進めていきます。取りいれたい設備や、デザイン面で工夫したいことなどを、何度も話しあいます。

図面が完成したら、ハウスメーカーが家を建てます。建築中は、現場のようすを確認し、完成したら、つくりに不具合がないか、一戸ずつ見てまわります。すべての家が完成したところで、ぼくの仕事も一段落。そのあとは、家を販売する部署が、販売をはじめます。ぼくらは、お客さまが家を購入して、実際に住みはじめて、ようやくひとつの仕事が終わったと感じるんです。

用語 ※ 建築設計事務所 ⇒ 建築物の設計や工事現場の監督・管理を行う会社。

家の建築に使う資材のサンプルを示しながら、打ち合わせをする田中さん。

田中さんの1日

- 09:30 現場に直行し、完成した家の検査
- 12:00 ランチ
- 13:00 会社にもどりデスクワーク。メールと、家の図面のチェックをする
- 14:30 建築設計事務所と打ち合わせ
- 16:00 家の建築に使う資材のメーカーとの打ち合わせ
- 17:00 社内での打ち合わせ
- 19:00 退社

Q 仕事をする上で、大事にしていることは何ですか?

同業者との意見交換を大切にしています。

同じ地域で、複数のデベロッパーが開発を行うこともよくあるので、ぼくたちの仕事は、同業他社の人と知りあう機会が多いんです。だから、他社が住宅街をつくったときには、どんなまちができあがったのか、見学させてもらいます。そして同業者に話を聞きます。逆に、ぼくたちの住宅街ができたときにも、他社の企画担当者が見にきますよ。

ライバルである他社の人と、おたがいの仕事の成果を見せあって意見交換をし、その住宅や環境の特徴を教えてもらうんです。今後の仕事のヒントになる情報を、たくさん教えてもらっています。

社内での打ち合わせのようす。「他社から得た情報を社内で共有し、次の企画に活かしていきます」

Q なぜこの仕事をめざしたのですか?

小さいころから、工作など、ものづくりが好きでした。

高校生になって将来のことを考えたとき、ものづくりが好きで、理系科目が得意な自分の特性を活かせるだろうと考えて大学の建築学科に進学しました。

大学では、おもに建築計画学※について勉強しました。住宅や幼稚園、美術館など、さまざまな建築物について、研究しましたね。

就職活動の時期になり、最初は住宅設計の仕事をしたいと思っていたのですが、よく調べてみると、建設・不動産業界にはさまざまな仕事があることを知りました。建築設計事務所、ハウスメーカー、内装デザイン会社……そのなかで、ぼくがやりたいと思った仕事は、まちをつくりあげていくデベロッパーでした。デベロッパーなら、建築設計事務所や、ハウスメーカーなど、ものづくりの専門家たちと関わりながら、多くの人が幸せに暮らすまちそのものをつくることができる。それが、この仕事を選んだ理由です。

Q 今までにどんな仕事をしましたか?

入社1年目は、家を売りたい人と買いたい人の間に立ち、家を紹介したり、不動産売買の手続きをしたりする仕事を担当しました。

2年目から3年間は、グループ会社である小田急ハウジングに出向し、家の増築・改築や、内装をつくりかえるリフォームの仕事をしました。工事を担当する職人に指示を出すなど、建築の現場に直接ふれる、貴重な経験になりました。

そこで働きながら勉強をして、一級建築士※の資格をめざしました。週末は一級建築士試験のための予備校に通ったので、かなりハードでしたが、努力が実り、合格することができました。

小田急不動産にもどり、まちの企画・開発の仕事をするようになったのは、入社5年目からです。入社当初から「いずれはまちの企画・開発に関わりたい」と思っていたので、とてもうれしかったです。

設計やリフォームの知識に加えて、一級建築士の資格を取ったことで、お客さまから信頼してもらえるようになりました。今の企画の仕事にも、積みかさねてきた経験が活きているなと感じています。

また、建築設計事務所やハウスメーカーがつくった図面や資料に対しても、技術的な面を考えた意見が言えるようになり、仕事に対する責任感もより大きくなりました。

• 筆記用具とメジャー •

• 建築資材のサンプル •

PICKUP ITEM

完成した家の検査をするときは、図面を片手に確認し、終わった場所に蛍光マーカーで印を付けていく。また、寸法のチェックにメジャーは欠かせない。完成後の家をイメージするのに必要な建築資材のサンプルも、建築設計事務所などとの打ち合わせで活用する。

用語 ※ 建築計画学 ⇒ 人の行動や心理に合った建築物をつくるために、必要なことを研究する学問。

Q 仕事をする上で、むずかしいと感じる部分はどこですか？

家を建てたい人が、自分の好みや、暮らしぶりに合わせて建築設計事務所に注文する家とちがい、ぼくたちがつくる住宅街は、住む人を想定して、家を先につくっていくので、そこがむずかしいところです。

その土地やまちに住みたい人が、どのような家を求めているのか、しっかりと調査し、研究・分析を重ねた上で企画を立てなければなりません。実際に建ててしまったら、もうあともどりはできないので、大きなプレッシャーがかかります。お客さまにとって、いちばんよいものをつくるため、多くの人の意見に耳をかたむけることを大切にしています。

建築士から届いた図面を念入りにチェック。一級建築士の知識が活きる。

Q ふだんの生活で気をつけていることはありますか？

家に関する広告を目にしたときには、どの会社が、どのハウスメーカーに依頼しているのか、どんなデザインや間取りになっているのか、必ずチェックしています。見比べて、他社の傾向なども知るようにしていますね。

また、外を歩いていて、空き地や工事現場を見ると、そこに何が建つのかが気になります。自分が担当者なら何を建てるか、つい考えてしまいますね。

それから、流行しているものなど、新しいものにふれることを心がけて、家づくりに活かせるヒントがないか、つねにアンテナを張っています。

建築に関する書籍や雑誌をチェックしたり、旅行先で有名建築にふれたりすることも大切です。

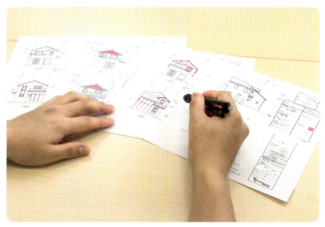

Q これからどんな仕事をしていきたいですか？

時代とともに、まちのようすや、そこに住む人たちは、どんどん変わっていきます。この土地には高齢者が多いとか、核家族が多いとか。そういった社会情勢を読みとって、時代にあった住宅街を企画していきたいと思っています。人々の暮らしはどんどん変わっていくので、ぼくたちが企画するまちも変わっていく必要があるんです。

この仕事をめざすには……

小田急不動産など、まちづくりを行っているデベロッパーに就職し、企画部門に配属される必要があります。多くのデベロッパーでは、大学卒業以上の人を採用しているので、まずは大学卒業をめざしましょう。

また、宅地建物取引士や建築士の資格をもっていると知識や技能の裏付けとなり、活躍の場が広がっていきます。

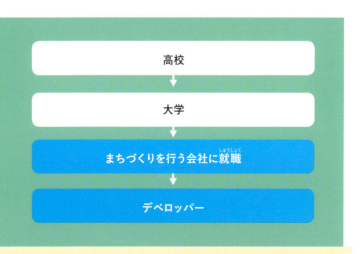

※ この本では、大学に短期大学もふくめています。

用語 ※ 一級建築士 ⇒ 建築物の設計や工事現場の監督・管理を行う技術者で国家資格。二級建築士は、あつかうことができる建物の規模と構造に制限がある。

Q この仕事には、どんな力が必要ですか?

デベロッパーの仕事は、建築に関わるさまざまな立場の人たちと長い期間をかけて話しあい、みんなの意見をひとつにまとめていく力が必要です。

また、粘りづよさや根気、現地によく足を運ぶなどの労力と手間をおしまないことも大切です。現地を訪れて細かな調査をしたり、設計や設備を何度も考えなおしたり、この仕事は、地道な作業の積み重ねなんです。

現地確認へ向かう田中さん。「この仕事は、フットワークの軽さも大切です」

田中さんの夢ルート

- **小学校 ▶ とくになし**
  空き箱やペットボトルなど、身近なもので工作をするのが大好きだった。

- **中学校 ▶ ものづくりができる仕事**
  技術の時間が楽しみだった。金属を加工したり、はんだごてを使ったりするのが好きだった。

- **高校 ▶ 建築に関する仕事**
  ものづくりが好きで、理系科目が得意だったので、その両方が活かせそうな建築学科へ進学。

- **大学 ▶ 建築設計→デベロッパー**
  何となく建築設計の仕事をしようと考えていたが、就職活動をするうちに、まちづくりができるデベロッパーに魅力を感じていった。

Q 中学生のとき、どんな子どもでしたか?

野球部に所属して、センターやライトを守っていました。打順は毎回変わりましたが、足が速いので、内野安打で塁に出ることが多かったですね。毎日練習に明けくれていたので、家に帰ると、疲れてすぐに眠ってしまう日々でした。

中学時代の得意教科は体育、数学、理科。高校では物理が得意という、典型的な理系人間です。国語や英語などの文系科目にはあまり興味がありませんでした。あとは、技術の時間に、はんだごてを使って作業をしたり、金属を加工して小物をつくったりするのが、とにかく楽しかったです。

このころは、将来の夢はとくになく、ばくぜんと「ものづくりの仕事ができたらいいなぁ」と思っていました。

中学時代の田中さん(右)。体育祭のときのようす。「となりにいるのは野球部の友だちで、今でも親しくしています」

野球部のユニフォームとキャップ、グローブ。足の速さを活かしたプレーが持ち味だった。

Q 中学のときの職場体験は、どこに行きましたか?

ぼくの中学校は静岡県富士市にあったのですが、長野県の豊丘村という地域と交流がありました。それで、2年生のときに学年全員で豊丘村を訪問し、4～5人のグループにわかれて村の農家に泊まりこみ、リンゴの摘果作業などの体験をするという行事がありました。摘果とは、リンゴの実がまだ小さいうちに、大きくて形の良いものだけを残し、ほかの実をつみとってしまう作業です。

友だちといっしょに泊まれることもあり、楽しみにしていた行事でした。でもその半面、ホテルや旅館ではなく、初対面の人の家に泊まるので、かなり緊張した記憶があります。ぼくたちは、リンゴ農園を営むご夫婦の家に泊めていただきました。

Q 職場体験では、どんな印象をもちましたか？

農家のご夫婦から摘果の方法を教わり、実際にやってみると、かなり根気のいる作業でした。いつも食べているリンゴが、こんなに苦労してつくられているのかとおどろきました。

摘果作業のほか、畑でトラクターにのせてもらうなど、ふだんはできない経験をすることができました。

ぼくの父はサラリーマンですが、祖父は小規模な農業を営み、畑で野菜をつくっていました。リンゴ農家での体験から、祖父の仕事の偉大さを実感し、農業という仕事を尊敬するようになりました。

ハサミをもって摘果作業に挑戦する田中さん。「残す実を選んだり、傷をつけないように注意して実を切ったり。とても神経をつかいました」

Q この仕事をめざすなら、今、何をすればいいですか？

もしもこの仕事に興味を感じたら、写真や本で見るだけではなく、実際の建物にふれ、どんな素材が使われ、どんなふうに建てられ、どんなデザインなのかを考えてみてください。実物を見ることで、いろいろな発見があります。

また、建築物だけでなく、まちに住む人にも目を向けましょう。どんな人が住んでいるのか、どんな暮らしをしているのかなど、人に注目すると、まちづくりのアイデアが広がりますよ。だから、仲のよい友だちだけではなく、多くの人と話をするように心がけて、コミュニケーション力や人間力を養ってください。人のことをよく知ることが、結局はよいまちづくり、よい家づくりにつながっていくと思います。

多くの人が住みたいと思うようなまちをつくる。それがデベロッパーの仕事

－ 今できること －

ふだんの暮らし

デベロッパーの仕事は、さまざまな人と関わりあい、調整をしながらすすめていく仕事です。コミュニケーション力があり、根気強い人が向いています。

学校生活では、文化祭や体育祭の実行委員、クラスの仕事などを率先して引きうけ、仲間と協力してやりとげることで、コミュニケーション力や根気強さが身につけられるでしょう。また、地道な仕事を続ける力を養うために、勉強や部活、家の手伝いなど、毎日やるべきことを、ひとつひとつていねいに取りくむことを心がけましょう。

 社会 まちのつくりを理解するには、歴史を知ることも大切です。まずは自分の住むまちの歴史を調べてみましょう。

 数学 建築の仕事では、空間図形など、図形分野の内容が基礎になります。工学部などの入試でも数学は必須なので、今からきちんと勉強しておきましょう。

 理科 高校で学習する物理は、建築関係の知識のもとになります。その基礎となる中学校の理科も、しっかり勉強しておきましょう。

 美術 まちなみや、住宅には、機能性だけではなく見た目の美しさも大切です。美術の時間に色彩感覚やデザイン力をみがいておきましょう。

File No.50

建築家
Architect

DELICIOUS COMPANY
半田悠人さん
3年目 29歳

人が集まり、何か新しいことが起こるような空間を設計したい

建築家※は、依頼を受けて家などの建物の設計図をつくり、建物がつくられるまでの工程を管理する仕事です。「DELICIOUS COMPANY」という会社を立ちあげ、建築家として活動している、半田悠人さんにお話をうかがいました。

Q 建築家とはどんな仕事ですか？

建築家は、家やビル、美術館など、あらゆる建物をつくる仕事です。依頼者の話をじっくり聞いて、建物の設計図を描き、どんな素材を使ってその建物をつくるのか考えます。

工事が始まったら、現場へ出かけて、工事が設計図のイメージ通りに進んでいるかチェックします。もしも、工事の途中で依頼者から要望があれば、現場の責任者である建設会社の人や大工さんと、交渉することもあります。そうして、建物の完成までを見届けるんです。

じつは、建築家は「空間をつくる仕事」とも呼ばれています。例えば、人通りの多い道にベンチをひとつ置くと、そこで休憩する人が出てきて、人の流れがちょっと変わりますよね。

ベンチが建物に変わっても同じです。設計を考えるときは、それができあがると、「人の流れがどんな風に変わるだろう？」「どんなコミュニケーションが生まれるだろう？」とイメージをふくらませます。「居心地のよい空間をつくってほしい」という依頼があれば、「その依頼者にとっての居心地のよさって、どんなものだろう？」と考えます。その建物をつくる意義を、しっかりと考えることが大切なんです。

Q どんなところがやりがいなのですか？

建築現場で、設計図を描いたときに考えていたものより、よいものができあがったときは、大きな喜びを感じますね。

現場では、思いがけないハプニングがたくさん起こるものです。ときには「これは失敗したな」と思ってしまうようなこともあります。しかし、ぼくは失敗はチャンスだと思っているんです。視点を変えて考えると、自分では思いつけないようなアイデアが失敗から生まれることもあるからです。そうして、自分の想像をこえる建物をつくれたときは、大きなやりがいを感じます。

公募に応募したときに作成した模型。東京・原宿の障がい者施設を、だれもが気軽に足を運ぶことができる、開かれた場所になるよう考えた。

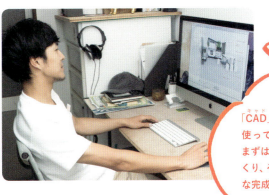

「CAD」というソフトを使って設計図を描く。まずは平面的な図をつくり、そのあと立体的な完成予想図を作成。

作成した設計図をもとに、依頼者と打ち合わせ。設計の意図を説明し、依頼者からの要望がないか、確認する。

半田さんの1日

- 09:30 事務所へ到着。メールの返信や設計図の作成をしたり、予算の調整や必要な素材の発注をしたりする
- ▼
- 11:45 専門学校で授業
- ▼
- 16:00 事務所へもどって、設計図を描く。建築現場へ出向いて進行を確認する日もある
- ▼
- 20:00 依頼者と食事をしながら打ち合わせ
- ▼
- 23:00 事務所へもどり、再び設計図の作成
- 24:30 帰宅。仕事があるときは、仕事場に残り、徹夜をすることもある

用語 ※建築家 ⇒ 建築士の別の呼び方。

Q 仕事をする上で、大事にしていることは何ですか？

自分ならではのものをつくることを大事にしています。建築家は、アイデアやデザインに対してお金を支払ってもらう仕事なので、ぼくならではの建築で、依頼者に満足してもらうことが、次の仕事につながると思っています。

また、依頼者の意図をよく理解して、プロの視点でアドバイスすることも、建築家の大切な役割です。例えば「ゆったり広いリビングとホームシアター、両方ほしい！」という依頼者からの希望があっても、土地の面積を考えるときびしい場合があります。そんなときは、「電車に乗れば、映画館はすぐそこですよね。ホームシアターはあきらめて、映画から帰ったとき、くつろげるリビングをつくりましょう」などと、依頼者の気持ちを考えた提案をするようにしています。

Q 今までにどんな仕事をしましたか？

個人宅の設計のほか、洋菓子店や障がい者施設のリノベーション※、イベントの企画、イベントに出す屋台や家具の製作など、いろいろな仕事をしてきました。ほかにも展示会の構成を考えることや、建築家をめざす人が通う専門学校で講師の仕事もしています。ぼくはまだ、建築家として修業中の身です。つながりがないように思えることでも、必ず建築家としての仕事に活かされる部分があると思って、取りくんでいます。

また、ぼくはものをつくること自体が大好きです。ときには事務所で、家具やランプを自作することがあります。建築現場で、大工さんに交じって、のこぎり片手に作業することもあるんですよ。

 →

半田さんがリノベーションを担当したパン屋。通常の建材だけでなく、廃材をたくさん使うことで、ほかでは再現できない、ここでしか生まれない空間になっている。

Q なぜこの仕事をめざしたのですか？

幼稚園児のころから大工さんにあこがれていました。

ぼくは、実家の目の前にできた幼稚園に、第1期生として入園しました。まだ物置など足りないものがたくさんあって、なんと園児ものこぎりをにぎって、ものづくりのお手伝いをしたんです。そのとき、手ほどきをしてくれた大工さんの働く姿が、とてもかっこよくてあこがれましたね。

小学生になったとき、テレビ番組で「建築家」という職業があることを知りました。新築の家を訪ねてまわる番組だったと思うのですが、個性的なデザインの家がたくさん出てきて、「すてきだな、建築家ってすごいな」と感じたのを覚えています。あこがれつづけてきた職業なので、建築家になる道を選んだのは、とても自然なことでした。

Q 仕事をする上で、むずかしいと感じる部分はどこですか？

自分がつくりたいと思うものを、ただつくればよいわけではないのが、むずかしいところですね。

ぼくたちがつくるのは、依頼者が長く使っていくものです。それに、つくるためのお金をはらうのも依頼者。建築家は自分が「つくるべき」と思ったものを、依頼者のお金でつくるわけです。そのためデザインと安全面が両立する、依頼者にとってよい設計をしなくてはと意識しています。

また、依頼者に、できあがりを見て後悔してほしくないので、設計図を提案するときは、必ず立体的な完成予想図をCGで作成して見てもらうようにしています。CGだと、壁や床の色味をその場で変えて提案することもできます。依頼者の不安や悩みは、なるべく取りのぞいてあげたいんです。

用語 ※リノベーション ⇒ 現在の建物に大規模な工事を行い、新築の状態よりも住みやすい建物にすること。

半田さんの事務所には、作業用のスペースがある。「趣味として、鉄や木でイスをつくることもあるのですが、こうした作業を行うことが、設計を考える上でプラスになっています」

半田さんが製作したイス。

Q ふだんの生活で気をつけていることはありますか？

まちを歩いているときは、人の行動をつい観察してしまいます。それで、「ここにこんなお店をつくったら、おもしろそうだな」「この地域で、こんな取りくみをしたらいいのにな」などと考えるんです。プライベートな時間に考えることも、仕事とつながっていますね。

やりたいことがたくさんあって、「眠る時間をけずってでも、人の期待に応えたい！」と思ってしまう方なので、最近は、あせって仕事をつめこみすぎないように心がけています。頼みごとをされると、つい引きうけてしまうので、なかなかむずかしいですが……。でも、ぼくのからだはひとつしかないので、健康には気をつけなくてはと思っています。

Q これからどんな仕事をしていきたいですか？

「もっとおもしろい、もっとかっこいい建物をつくろう」という機運を高めていきたいです。日本では、年々、建築という仕事に対して、効率のよさがもとめられるようになってきています。企画性やデザイン性の高い建物をつくるより、決まった型の建物をどんどんつくった方が、スピーディに仕事が進みますからね。

でも、ぼくが理想とする建築はちがいます。例えば、その建物が生まれることによって、地域の人々の間に新たなコミュニケーションが生まれるような、そんな空間をどんどんつくっていきたいんです。そのためには、その地域のことを深く知って、企画を綿密に立てる必要があります。

建築の仕事は、発想しだいでもっと新しいことができます。そのことを多くの人に伝えるために、テレビ番組に出演したり、SNS※で発信したりすることも積極的に行っています。

- リュックサック
- ノートパソコン
- 電卓

PICKUP ITEM

リュックサックの中には、打ち合わせに必要なものが入っている。ノートパソコンは、設計図を見せるために欠かせないもの。電卓も、寸法や見積もりを出すときに使うので、つねに持ちあるいている。

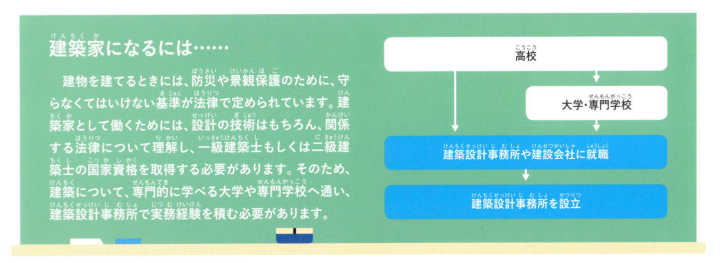

建築家になるには……

建物を建てるときには、防災や景観保護のために、守らなくてはいけない基準が法律で定められています。建築家として働くためには、設計の技術はもちろん、関係する法律について理解し、一級建築士もしくは二級建築士の国家資格を取得する必要があります。そのため、建築について、専門的に学べる大学や専門学校へ通い、建築設計事務所で実務経験を積む必要があります。

高校 → 大学・専門学校 → 建築設計事務所や建設会社に就職 → 建築設計事務所を設立

用語 ※SNS ⇒ ソーシャルネットワーキングサービスの略。インターネット上で、人と人とが写真などの情報をやりとりする。代表的なサービスに、Instagram、Twitter、LINE、TikTok がある。

Q 建築家になるにはどんな力が必要ですか？

建築家の仕事は、依頼者と打ち合わせをして、自分のアイデアを提案するところから始まります。自分の考えやねらいを、相手にきちんと伝えることはもちろん大切なのですが、それだけでなく、相手に「この人なら信頼できる」と感じてもらうことも重要です。そのためには、服装などに気をつける必要があります。ぼくも、仕事の提案をするときは、服装に気をつけています。

また、ぼくがとても大切だと思うのは、ユーモアです。現場で予想外のことが起こったとき、いらいらしたりせず、それを楽しんでしまえるのは、ユーモアの力だと思います。また、おもしろいものは、人を理屈ぬきにひきつける力をもっていると思うんです。

Q 中学生のとき、どんな子どもでしたか？

部活動ではバスケ部に所属していました。勉強もがんばっていて、苦手な科目はとくにありませんでした。でも、部活でも勉強でも、ずばぬけて才能があるというわけではなく、いろいろなことが器用にできる子という感じでした。何かで1番を取ることはありませんでしたね。

なぜか、まとめ役を任されることが多く、バスケ部ではキャプテンをつとめ、生徒会長にもなりました。いろいろな活動をしましたが、なかでも思い出に残っているのは文化祭です。劇の脚本をオリジナルで書いたり、バンドでギターを弾いたり、ここぞとばかりにがんばったのを覚えています。

そして、われながら、ちょっとひねくれた子どもでしたね。今思えば、思春期だったからだろうなと思うんですが、人とちがうことばかりしていました。例えば、技術で横置きのセロハンテープカッターをつくる授業があったのですが、ぼくにとっては、なぜ横置きでなくてはいけないのか、疑問でした。それで、あえて縦置きのテープカッターをつくってみました。ちなみに、縦置きは、すごく使いにくかったので、失敗でした。横置きである理由が、よくわかりましたね。

半田さんの夢ルート

幼稚園 ▶ 大工
のこぎりの使い方などを教えてくれた大工さんにあこがれていた。

▼

小学校 ▶ 建築家、哲学者、小説家、ミュージシャン
何かを表現する仕事がしたいと思い、はば広い分野に興味をもつようになった。

▼

中学・高校 ▶ 建築家、芸術家
表現の中でも、自分の手で何かを形にする活動がしたいと思うようになった。

▼

大学 ▶ 建築家
一度は教育学部に進んだものの、やはり建築への思いが強く、芸術大学の建築科を再度受験。卒業後は、仲間とDELICIOUS COMPANYを立ちあげ、建築家として活動。

左端が、ギターを弾く半田さん。今も、仕事場にはギターが置いてあり、気分転換に弾くこともある。

半田さんの発案でつくった卒業文集にのせた文章。一行目には、当時、考え方に影響を受けた中国の儒学者、孟子の言葉が書かれている。

Q 中学のときの職場体験は、どこに行きましたか？

体験先にはいくつかの候補があって、その中から選ぶことができました。ぼくの中学校は海辺のまちにあり、漁師の釣り船にのって、釣りをする体験が一番人気でした。本当は、ぼくもそれを選びたいと思っていましたが、ぼくはひねくれ者だったので、あえて、みんながあまり注目していなかったかつお節工場へ行くことにしたんです。

Q 職場体験では、どんな印象をもちましたか？

ぼくが行ったのは、地域で有名な老舗のかつお節工場でした。工場に入ると、かつお節のいいにおいが充満していて、「お腹が空くにおいだな」と思った記憶があります。

ぼくたち中学生は、乾燥させたかつおを電動工具に送り、けずる仕事をしました。まわりでは、職人さんたちが手慣れたようすでてきぱきと仕事をこなしていて、「おとなは毎日こんな風に働いているんだ」と、おどろきました。また、今も昔も、ぼくは作業着が好きなので、職人さんたちの仕事着を見て、「かっこいいな」と思っていましたね。

体験後は、かつお節について知ったことをグループで模造紙にまとめ、クラスの前で発表しました。

Q この仕事をめざすなら、今、何をすればいいですか？

ときどき、「今知っているものに中学生の自分が出会っていたら、どんなことを感じただろう？」と思うことがあります。

ぼくは、おとなになる過程で、いろいろな本を読み、映画を観てきました。そして、その作品がどの時代に、どんな意図でつくられたものか学んできました。それは意味のあることなのですが、もう、予備知識ぬきに、作品の魅力を感じることはできないんだなと、少しさみしくも思います。

中学時代は感性が豊かな時期です。映画、本、美術、何でもよいので、心がふるえる芸術にたくさん出会ってください。そうした体験を積んでおくと、人にはない発想で、おもしろい建築物をつくることができるようになると思います。

新たな発想力で人の想像をこえる建築物をつくる

– 今できること –

ふだんの暮らし

建築家は、人のため、地域のために建物をつくる仕事なので、相手の立場に立って、物事を考える力が必要です。クラスやグループで活動をするときには、自分の考えを伝えるだけでなく、まわりの人の意見にも、しっかりと耳を傾けるように心がけましょう。

また、建築家には、現場での工事中に、依頼者と工事関係者の間に入る役割もあります。行事の準備でクラス内の意見がまとまらないときなどは、どのようにすれば、みんなが満足いく結果になるか、考えるとよいでしょう。

国語
依頼者に設計の提案をしたり、工事関係者とさまざまな交渉をしたりするときには、自分の意図を正確に伝えられなければいけません。語彙力をつけて、言葉での表現のはばを広げましょう。

美術
建築家は、建物をデザインする仕事です。絵画や彫刻など、さまざまな作品を見て、美的感覚を養いましょう。また、国内外の有名な建築物を写真集などで見て、地域による違いなども意識してみましょう。

技術
建築に使う素材の特徴を知っておくことも大切です。技術の授業は、木材やプラスチック板など、さまざまな素材にふれるよい機会です。

File No.51

大工
Carpenter

平成建設
遠藤莉保さん
入社4年目 26歳

日本ならではの技術を身につけ、いつか美しい和室をつくってみたい

建築士が設計した図面をもとに、木材を加工し、組みあわせ、建物をつくるのが大工の仕事です。わたしたちが暮らす家も大工の技術の結晶です。平成建設で、大工として働く遠藤莉保さんにお話をうかがいました。

Q 大工とはどんな仕事ですか？

大工は、木造の建築物をつくったり、修理したりする仕事です。わたしがつとめる平成建設では、おもに個人の住宅とマンションやアパートなどの集合住宅をつくっています。

建物ができあがるまでには、たくさんの工程がありますが、大工はその中でも木材を使う部分をうけおいます。

現場に入ったら、建築士がつくった図面をもとに、まず木材で建物の骨組みをつくる「建方」という作業を行います。ここで使う木材の準備も、大工の大切な仕事です。木目の見せ方を考えたり、木材の強度を見極めたりしなくてはいけないので、経験のある大工が行います。

骨組みができあがったら、壁や窓を取りつけ、屋根と床をつくります。集合住宅の場合は、各部屋の壁や床、天井ができたら、ドアやキッチンカウンター、クローゼットも組みこみます。ここまでが大工の仕事です。壁紙をはったり、電気・水道を通したりする工事は、専門業者に任せます。

大工の現場での作業期間は、ふつうの住宅で約2〜3か月、大きな建物だと1年以上かかります。わたしは、今はマンションの建設を担当しています。建方は5〜7人で行い、そのあとはひと部屋ずつ、それぞれが担当してしあげていきます。

Q どんなところがやりがいなのですか？

大工は、お客さんがこれから、毎日を過ごす大切な場所をつくるわけですから、とても気合いが入ります。

大工は職人の世界。経験を積んで、腕を上げていくと、だんだんむずかしい仕事を任せてもらえるようになります。

入社したてのころは、まだ職人として何もできない状態だったので、現場で、防火・防音効果がある特殊な素材を、壁の下地としてはる作業をしていました。その作業ができるようになると、建方に参加させてもらえるようになります。初めて建方の作業をしたときは、木にふれることができて、とてもうれしかったですね。

「現場でむきだしの金物がズボンのすそに引っかかって、はっとしたこともあります。でも、けがをせずにすみました。すそが太いので、危険を早めに察知することができます」

機械を使って、木材を切る。木目の向きによって、見た目の美しさだけでなく、木材の強度も変わってくる。

マンションの一室の天井部分をつくる遠藤さん。重い工具も慣れた手つきで使いこなす。

遠藤さんの1日

- 07:30 現場に到着。
  ▼ 仕事の準備とまわりの道路のそうじ
- 08:00 仕事開始。基本的に自分の持ち場で
  ▼ 作業に集中する
- 10:00 15分間の休憩
  ▼
- 12:00 ランチ
  ▼
- 13:00 仕事再開
  ▼
- 15:00 15分間の休憩
  ▼ 引きつづき自分の持ち場で作業。現場責任者として、ほかのメンバーの仕事の進み具合も確認する
- 17:30 仕事終了

Q 仕事をする上で、大事にしていることは何ですか？

正確さとすばやさが求められる仕事なので、ひとつひとつの作業を手際よく、ていねいに行うことを心がけています。とくに木材は、少し長さをまちがえて切ってしまうだけでも、使えなくなってしまいます。

また、女性の大工はめずらしがられますが、わたしは女性であることを活かそうと心がけています。

たとえば、床下など大柄な男性だと入りにくい場所の作業を率先して行ったり、家族連れのお客さんが建設中の現場を見学に来たときには、子どもの相手をしたり。わたしだからこそできることを見つけるように意識しているんです。

建築士が書いた設計図を見て、寸法や必要な木材をチェック。

Q なぜこの仕事をめざしたのですか？

父は塗装業、伯父は大工、そして祖父は植木職人と、職人に囲まれて育ったので、大工の仕事はとても身近でした。それは、就職先を決めるときに大きく影響したと思います。

わたしは小さいころから絵を描くことや、何かをつくることが大好きでした。小学校、中学校と、画家や宇宙飛行士など、いろいろな職業に興味があったのですが、高校生のころ、京都と奈良に家族で旅行したとき、伝統的な日本の建築物にとても感動したんです。何百年、何千年も時間がたっているのに、当時の姿を保っているなんて、本当にすごいなと思いました。それで、建築士になるための資格が取れる美術大学の建築学科に進みました。

大学時代には、建築士をめざして建築設計事務所でインターンシップ※も経験しました。しかし、不規則な生活になじめませんでした。それなら、同じ建築にたずさわる仕事でも、父のように日がのぼってしずむまで働いて、自分の手で建物をつくることができる大工になりたいと思ったんです。

Q 今までにどんな仕事をしましたか？

大工としての技術をみがくために、これまでさまざまな現場に関わってきました。

大工は「10年で一人前」といわれているのですが、平成建設では、ひとりでも多くの職人を育てようと、「グローアップ・プロジェクト」を行っています。これは、5年で一人前の大工を育てようという試みです。1年ごとに、職人として身につけるべき技能が定められているので、その目標をクリアしようと、若手はみんながんばります。

1年目は、壁の下地をはったり建方の技術を学んだりして、2年目には、壁や床、天井など、建物の内側をしあげる技術をみがきました。そして、ひと通り、基礎的な技術が身についたところで、3年目に経験したのが、リフォームの仕事です。リフォームとは古くなった家を新しく生まれ変わらせることです。これが、とってもむずかしかったんです。木は呼吸するので、古い建物の柱や壁にはゆがみが出ます。場合によってはくさっていることもあるので、そのような部分をどのように補えばよいのか、技術や経験が求められる現場でした。先輩の仕事を見ながら、わからないことはすぐに聞いて、さまざまなことを学びましたね。

4年目の今は、マンションの現場を責任者として担当しています。監督する立場なので、毎日緊張感があります。

京都・奈良への家族旅行での1枚。中央が遠藤さん。歴史的建造物の数々を見て、日本の建築に興味をもつようになった。

用語 ※インターンシップ⇒就職前の学生が、職場や仕事のようすを知るために、給料をもらわず一定期間働くことができる制度。

Q 仕事をする上で、むずかしいと感じる部分はどこですか？

家をお客さんにわたす日にちは決まっています。スケジュールを守りながら、正確に作業を進めるのは、とてもむずかしいですし、集中力が必要です。

マンションの現場では、大工ひとりでひと部屋を担当しますが、壁や床、天井をつくり、ドアやキッチンカウンターを組みこむところまで、約2週間でしあげます。「スピードを上げないと！」とあせってしまうときもありますが、わたしたちがつくっているのは、お客さんが長く住むための家です。ていねいに、じょうぶにしあげなくてはいけません。今もベテランの職人さんたちの仕事ぶりを見ては勉強の日々です。

また、安全のため、真夏のどんなに暑いときでも、長そでにヘルメット、安全靴を身につけます。電動カッターを使うときは安全手袋を着用しなくてはいけません。これは、ちょっと大変ですね。夏場はこまめな水分補給が欠かせません。

工具入れ

ヘルメット

えんぴつ

PICKUP ITEM

ヘルメットは、現場に入るときに必ずかぶるもので、右耳の上にえんぴつを固定できるようになっている。えんぴつは、木に押しあてて、正確に線が引けるように、片側を平らにけずる。腰には重さ5kgをこえる、工具入れをぶら下げている。中には、カッターナイフ、のみ、ドライバーなどよく使うものが入っている。

Q ふだんの生活で気をつけていることはありますか？

朝が早く、体力勝負の仕事なので、夜はたっぷり眠って、生活リズムを乱さないように心がけています。入社したばかりのころは、家に帰るとすぐ眠くなってしまい、8時くらいには寝てしまっていましたね。今は、体力がつきましたし、ほとんど病気もしなくなりました。

休みの日は、仕事を忘れてリフレッシュがしたいので、ドライブに行ったり、映画を観たりしています。美術館へもよく足をのばしますね。気持ちの切りかえが大事だと思います。

Q これからどんな仕事をしていきたいですか？

日本の建築物にあこがれて大工になったので、いずれは和室に挑戦してみたいです。

来年は大工になって5年目になりますが、いよいよ「造作」という、むずかしい技術を本格的に学びます。これは、建物の内装をしあげる仕事です。とくに和室の造作は、木のけずり方や木目の見せ方などに高い技術が求められます。知識や技術がないと、美しく見えないんですよ。

日本ならではの技をしっかり身につけて、美しい和室をこの手でつくってみたいなと思っています。

大工になるには……

大工には、確かな技術と現場での経験が必要です。工務店や建設会社に就職するか、経験と実力が認められ、現場を任されている棟梁に弟子入りして、大工になります。また、大工の技能を学べる職業訓練学校もあります。必要な資格はとくにありませんが、技能に関する資格には、建築大工技能士があります。また、体力勝負の仕事なので、健康なからだづくりを心がけましょう。

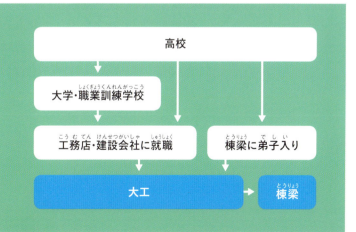

Q 大工になるにはどんな力が必要ですか？

大工は、現場で技術をみがいていく仕事です。だから、努力を継続する力が必要だと思います。

できないことはもちろんですが、身につけたと思っている技も、ベテランの職人から見ればまだまだ、ということはよくあります。自分の力に満足せず、技をみがきつづけることが、大工として一人前になるためには欠かせないことなのです。できないことがあっても、あきらめずに努力が続けられる人は大工に向いていると思います。

また、集中力と体力も欠かせません。時間にゆとりのある現場はまずないので、目の前の仕事に集中して、ていねいにスピーディにしあげていく必要があるんです。

現場では、大工の責任者として後輩に指示を出す。「わたしも、教わるべきことがまだまだありますが、現場をまとめる経験も大事なので、がんばっています」と遠藤さん。

遠藤さんの夢ルート

小学校 ▶ 画家 → 宇宙飛行士
幼いころから絵を描くことが好きで、画家にあこがれた。しかし子ども向けの科学雑誌を読み、宇宙飛行士にあこがれるようになった。

中学校 ▶ 医師
テレビ番組で小児科医不足の問題を知り、医師になりたいと思ったが、血を見るのが苦手で断念。

高校 ▶ 建築士
家族旅行をきっかけに、日本の建築物に興味を抱き、建築士をめざすようになった。美術大学の建築学科に進学した。

大学 ▶ 大工
建築設計事務所へは就職せず、自分の手で建物をつくりたいと考え、平成建設に入社。

Q 中学生のとき、どんな子どもでしたか？

中学校のころの記憶といえば、ほとんど部活のことというくらい、部活一色の生活をしていました。

吹奏楽部でサックスを吹いていたのですが、強い部だったので、毎日夜7時くらいまで部活がありました。塾がある日は、その後、10時くらいまで勉強をしていたので、家に帰るころにはへとへとです。帰宅すると同時に眠ってしまうような毎日でしたね。そのせいか、放課後や休みの日に友だちと遊んだ記憶はほとんどありません。

勉強では、英語と数学が本当に苦手でした。塾に行っていても苦手だったので、行っていなかったらどうなっていたんだろうと思います。

Q 中学のときの職場体験は、どこに行きましたか？

1年生のときに、音楽専門学校へ行きました。わたしが通っていた学校では、職場体験のことを「HOPE」と呼んでいました。「飲食」「スポーツ」などの中から興味のある分野を選ぶことになっていて、わたしは「音楽関係」を選びました。

体験先は、自分たちで探しました。近所に音楽関係の仕事をしている場所がなかったので、電話帳でボイストレーニングやギターなどを教えている音楽専門学校を見つけて、自分たちで電話をかけ、受け入れの交渉をしたんです。とても緊張しました。1日だけ受けいれてもらえることになったときはホッとしましたね。

当日は、仕事のお手伝いではなかったのですが、学校で働く方へのインタビューのほか、ギターやベースのコード、声の出し方を教えてもらい、最後にセッションをしました。

中学時代に、コンクールでサックスを演奏しているところ。「ハードな部活で、先輩との上下関係もきびしかったですが、心身ともにきたえられました」と遠藤さん。

Q この仕事をめざすなら、今、何をすればいいですか？

たとえうまくいかなくても、目の前のことを最後まで一生懸命やってほしいですね。

大工は本当に根気のいる仕事です。とくに最初のころは、うまくいかなくて「向いていないのかな？」なんて思うこともたくさんあります。そんなとき支えになるのは、自分が何かをやりとげたという経験です。わたし自身、つらくても最後まで続けた吹奏楽部での経験が自信につながっています。

部活や勉強などで、うまくいかないことが続くこともあると思います。そんなときにもあきらめないでください。

ひとつのことにしっかり打ちこむという経験は、大工に限らず、どんな仕事に就いても活きてくることだと思います。

Q 職場体験では、どんな印象をもちましたか？

音楽専門学校の人へのインタビューでは、1日の仕事の流れや仕事のやりがい、ふだんの苦労などについて聞きました。それで、「自分の好きなことを仕事にしていて楽しそう！」と強く感じました。

そのあと、3週間くらいかけて体験した内容を模造紙にまとめ、発表会もやりました。「HOPE」を通じて働くおとなのようすを見て、発表の準備をした経験は、仕事について真剣に考えるきっかけになったと思います。「自分も絶対に好きなことを仕事にできるようにがんばろう」と思いました。

大工がつくるのはお客さんが毎日を過ごす大切な場所。気合いが入ります

－ 今できること －

ふだんの暮らし

大工は、小さな作業をコツコツと積みかさねて、最終的に家という大きなものをつくる仕事です。根気や粘りづよさのある人が向いています。部活でも勉強でも、習い事でも、今やっていることに集中して、しっかりやりとげるという経験をしておくとよいでしょう。

また、大工の仕事はほかの職人とのチームワークが大切です。機会があれば、生徒会や文化祭の実行委員などを進んで引きうけ、仲間と協力しあって何かをつくりあげるようなことにも挑戦してみましょう。

社会 日本の建築様式がどのように変化をしたのか、理解しておきましょう。

数学 空間の中で、どう木材を組むか考える力が必要です。図形や幾何学などは、しっかり勉強しておきましょう。

美術 造作の工程では、美的感覚が問われます。さまざまな作品にふれておきましょう。

体育 大工の仕事はからだが資本です。体力づくりはしっかりしておきましょう。

技術 工具のあつかい方、木材の加工方法など、大工の仕事でも基礎となる内容が身につけられます。

File No.52

家具職人
Furniture Craftsperson

KOMA
武内舞子さん
入社4年目 26歳

「出会えてよかった」と言われる家具をつくりたい

芸術品のような美しい家具をつくる工房KOMAで家具職人をしている武内舞子さん。男性の職人が多い世界で、数少ない女性の家具職人として活躍しています。家具職人とはどんな仕事なのか、くわしくお話をうかがいました。

Q 家具職人とはどんな仕事ですか？

　木材を使って、イスやテーブル、収納家具などをつくる仕事です。わたしが働くKOMAでは、ほとんどの家具をお客さんの注文を受けてからつくります。すべて手づくりで、一から製作しています。

　例えば、イスづくりは「製材」といって、木材の表面をけずり、木がもつ独特のうねりを取りのぞいていく作業から始まります。木材がきれいな状態になったら、今度は寸法に合わせてけずり、その後、表面にカンナがけをして平らにします。

　次に、背もたれや座面の曲線をつくっていく作業です。とくに背もたれの部分は、型に合わせて木から木材を切りだし、なめらかなカーブを描くように「けずり出し」の作業をしていきます。この作業はとてもむずかしく、KOMAでは、親方とわたしだけがこの作業をしています。そして、塗装、組み立てなどをして、イスが完成します。

　木材の準備や製材などの作業は、職人たちで分担して行います。日によって、つくる家具の種類や点数がちがうので、いくつもの作業をこなす日もあれば、1日中木をけずっていることもあるんですよ。

Q どんなところがやりがいなのですか？

　お客さんから「この家具に出会えてよかった」と言ってもらえると、疲れはすべて消えさります。また、親方からほめ言葉をもらえたときも、飛びあがるほどうれしいです。親方はふだん、あまり人をほめたりしません。わたしにとってはあこがれの存在で、センスも技術もとうていおよびませんが、もっと技術をみがきたい、という意欲がわいてきます。

木の表面に「ラッペンワックス」という塗料をぬって、つやを出す。

「反がんな」という道具で、木をけずって、イスの座面の曲線をつくっていく。

「笠木」とばれる背もたれの部分は、「剝り小刀」を使い、形をつくっていく。剝り小刀は、木を曲線状にけずりだすときや、細工をするときに使う。

武内さんの1日

- 07:30　出社
- 08:00　朝礼
- 08:30　木材を切りだす
- 09:00　木材の加工
- 11:00　組み立ての作業
- 11:30　食事の準備
- 12:00　できあがった料理を職人たちといっしょに食べながら、休憩
- 13:00　けずり出しの作業
- 14:00　再び、組み立ての作業
- 16:00　休憩
- 16:30　しあげの作業
- 18:30　作業終了
- 19:00　自主練習をしてから退社

Q 仕事をする上で、大事にしていることは何ですか？

初心を忘れないことですね。どんな木材にも個性があるので、ひとつひとつ、その活かし方を考える必要があります。それに、腕をみがくためには、毎日が勝負という気持ちでいなくてはいけません。「慣れ」があってはいけないんです。いつも「これでいい？」「もっとできることはない？」と自分に問いかけながら、作業をするようにしています。

完璧に見える親方も、今の自分には満足していません。つねに自分の限界までこだわって家具をつくっていますが、「ここで終わりじゃない。もっと先がある」と口ぐせのように言っています。現状に満足せず、昨日より今日、今日より明日はさらに進歩していたいんです。

Q なぜこの仕事をめざしたのですか？

わたしの実家は、曾祖父、祖父、父と3代続く大工の家系です。幼稚園のころから、ふたりの兄や、いとこたちと、父の目をぬすんで作業場に入り、勝手にくぎを打ったり、木くずで遊んだりしていました。そんな環境で育ったせいか、小さなころから何かをつくることが大好きで、いつかは自分もものづくりの仕事がしたいと思っていました。

高校は工業系の技術が学べる学校に進学しました。本当は木をけずって何かをつくりたかったのですが、木工系の授業はなく、おもに金属の溶接について勉強しました。

高校卒業後は、家具づくりを学ぶ学校に入学しました。そこで知りあった人に、「木製家具をつくっている、おもしろい人がいるよ」とKOMAの親方を紹介されたんです。

「親方（左）と初めて会ったとき、この人のもとで家具づくりがしてみたいと思いました」と武内さん。

Q 今までにどんな仕事をしましたか？

最初はアルバイトとして採用されたので、雑用ばかりの毎日でした。トイレそうじ、ゴミ出し、家具の塗装など、1年半くらいは続きましたね。でも、下積み時代だからこそ、得るものがたくさんありました。家具づくりの工程を知ることができたり、親方の仕事ぶりをそばで観察したり、これはすごいチャンスだと思っていました。また、いろいろな雑用をスピーディーにこなさなければいけないので、時間の使い方もうまくなったと思います。

じつは最近になって、わたしの仕事がひとつふえました。職人みんなの昼食づくりです。「同じ釜の飯を食おう」という親方の考えで始まりました。仕事の合間に食材を仕入れたりするのは大変ではありますが、後輩たちにも手伝ってもらって、がんばっています。

「手づくりの食事をとるようになって、職人たちの体調がよくなり、みんなと顔を合わせる時間も増えました」

Q 仕事をする上で、むずかしいと感じる部分はどこですか？

職人の世界は男社会で、力仕事も多いので、女のわたしにはつらいこともあります。まだ新人のころ、大きな木材をあつかう作業で、力が足りなくて持ちあげられず、困ったことがたくさんありました。また、体中が筋肉痛になったり、腱鞘炎が悪化して、指の感覚がなくなり、道具がにぎれなくなったりしたこともあります。

今は後輩も増えたので、重たい仕事は彼らにまかせています。でも、この仕事を始めてから、肩や腕が太くてたくましくなったんですよ。以前の洋服はもう、着られません。

工具

PICKUP ITEM

道具の手入れも家具職人の大切な仕事。自ら刃をとぎ、ミリ単位で調整することで、家具のしあがりにも差が出る。

Q これからどんな仕事をしていきたいですか？

今は、すべて親方のデザインや設計をもとに、家具づくりをしていますが、いつか、自分のアイデアを図面にして、わたしにしかつくれない製品を完成させたいです。つくるなら、イスがよいですね。また、そろそろ後輩たちに教えていく立場になってきたことも自覚しています。

技術をもっと高めていって、いつかは親方に何かひとつでも勝てるようになるのが目標です。そうなれば、恩返しになるんじゃないかと思います。

職場では3番目に社歴が長い武内さん。後輩からは「舞さん」「武内さん」と呼ばれている。

Q ふだんの生活で気をつけていることはありますか？

気がつくと仕事のことばかり考えてしまいます。基本的に日曜は休日ですが、わたしをはじめ、多くの職人が工房にやってきて、刃物の使い方や技術を身につけようと、練習にはげんでいます。平日の仕事が終わったあとも、工房に残って練習をしたり、自分の作品のアイデアを考えたりします。職人は、自分の技術をみがき続けることが大切なんです。

また、休むと会社の仲間やお客さんに迷惑をかけてしまうので、体調管理は大切です。整体に通って、なるべくよい状態で仕事が進められるよう、気をつけています。

月に1度は自社ショップでつくった家具を販売する。

家具職人になるには……

家具職人になるのに、特別な資格は必要ありません。そのため、中学や高校を卒業してすぐに家具職人に弟子入りする人もいます。工業高校や大学の建築科、インテリア科に進学すれば、図面の見方などを学べるので強みになるでしょう。また、職業訓練学校では家具職人の技能を学ぶことができます。家具製作会社や工房に就職したあと、初めは見習いとして一から学びます。

高校 → 大学・職業訓練学校 → 家具製作会社、工房に就職 / 家具職人に弟子入り → 家具職人 → 独立

Q 家具職人になるにはどんな力が必要ですか？

家具職人として働く上で、習得するのに時間がかかるのは、道具の使いこなし方です。カンナひとつとっても、大きさや使いみちのちがう、さまざまな種類を製作過程によって使いわけなくてはなりません。あきっぽい人や、自分に甘い人には向いていません。くりかえし学びつづける粘りづよさが、もっとも必要な力だと思います。

同僚の作業を見つめる武内さん。「あくなき探究心が家具職人には必要です」

Q 中学生のとき、どんな子どもでしたか？

からだを動かすことが好きだったので、中学ではバドミントン部に入りました。顧問の先生はわたしのクラスの担任だったのですが、3年生のとき、先生はわたしを部長とクラスの学級委員に選んだんです。じつはそのころ、人前で話すことへの苦手意識を克服したいと思っていました。先生はそれを見ぬいていたのかもしれません。

みんなをまとめ、ひっぱっていく過程で、何度も壁にぶつかりましたが、なんとか部長も学級委員もつとめあげることができました。そのおかげで、人前で話す力だけでなく、責任感や判断力なども身についたと思っています。

今、仕事でショップや材木屋の方などと打ち合わせをしたり、後輩たちを指導したりするとき、あのころの経験が役に立っていると実感します。顧問の先生には心から感謝しています。

中学バドミントン部の顧問の先生と。いちばん左が武内さん。

武内さんの夢ルート

小学校 ▶ ものづくりの仕事

大工の家系に生まれ育ち、小さいころからものづくりが大好きだった。

中学校 ▶ 職人

和菓子やガラス工芸、陶芸などの職人にあこがれた。

高校 ▶ 木を使ったものづくり

木を切ったり、けずったりして作品をつくる仕事がしたいと思い、高校卒業後は家具づくりの技術を学ぶ学校への進学を決める。そのあと、KOMAの親方と出会い、家具職人の道へ。

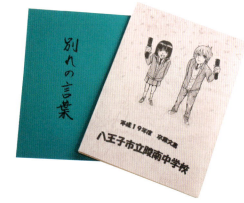

バドミントン部の思い出のラケット（左）と、中学時代の卒業文集（右）。

Q 中学のときの職場体験は、どこに行きましたか？

中学1年生のとき、1日職場体験で、保育園に行きました。母が保育士をしていたので、以前から保育士には興味がありました。それで、先生が用意したリストの中に保育園があるのを見つけ、ここに行きたいと手をあげました。班のメンバー6人で訪ねたと思います。

わたしたちが体験したのは、年中のクラスです。子どもたちと園庭で鬼ごっこをしながら走りまわったり、給食をいっしょに食べたり、折り紙をしたりして遊びました。終わったころにはへとへとになったことを覚えています。

Q 職場体験では、どんな印象をもちましたか？

こんなに体力を使う仕事だとは思っていなかったので、母はすごいな、と改めて尊敬しました。家で母はぐちを言うどころか「いつも子どもたちにパワーをもらっている」と言います。その言葉に、この仕事や子どもたちを心から愛している気持ちがつまっていて、すてきだと思いました。

もちろん、保育園で働いている先生たちもキラキラして見えました。そして、いつかわたしも、好きなことを仕事にしたいと思うようになりました。

Q この仕事をめざすなら、今、何をすればいいですか？

何か夢中になれることがあったら、失敗をおそれずに、どんどん挑戦しましょう。すぐにあきらめたり、だめだと思ったりせず、まずは続けてみてください。わたしも、この会社に入ったとき、女性には厳しい仕事だと感じたこともありましたが、自分が好きなことは絶対に続けられると信じて、ここまできました。やりたいことをやろうとするとき、男も女も関係ありません。

また、あえて苦手なものに挑戦してみるのもよいですよ。わたしも部長や学級委員を引きうけたことで、自信がつきました。中学時代に身につけたことは、やがておとなになったとき、必ず役に立つと思います。

初心を忘れることなく現状に満足せず毎日進歩していきたい

－今できること－

 ふだんの暮らし

家具職人は、一人前になるまでに数年はかかるといわれています。見習いの間は雑用も多く、十分な給料がもらえるわけではありません。きびしい修業期間を耐えぬく忍耐力と、向上心が必要です。勉強や部活動などで、結果がすぐには出なくても、前を向いて地道な努力をしつづけることが、後の財産になります。

また、家具職人は何時間も作業に集中することがめずらしくありません。授業中や勉強中に、集中力を高める訓練をしましょう。

 数学　家具づくりは、頭の中で三次元の完成イメージをつくりあげ、二次元の図面に書きおこす作業が非常に大切です。図形の問題などで、空間認識力をきたえましょう。

 美術　美しい家具をつくるために、彫刻や絵画などをたくさん見て、美的感覚を養いましょう。

 体育　家具職人はからだが資本です。また、からだの構造を理解することが、座りやすいイスをつくるのに必要です。

 技術　道具をうまく使いこなせなくては職人とはいえません。工具のあつかい方、木材の加工方法など、基礎的な技術を身につけましょう。

File No.53

プロダクトデザイナー
Product Designer

amadana
伏見大祐さん
入社2年目 30歳

デザインするのは製品だけじゃなくてライフスタイルそのものです

身近にあるさまざまな工業製品をデザインするのがプロダクトデザイナーです。美しい形の家電製品や、生活用品で有名なamadanaで、プロダクトデザイナーとして活躍する伏見大祐さんにお話をうかがいました。

Q プロダクトデザイナーとはどんな仕事ですか？

プロダクトデザイナーは、身近な生活用品から自動車・航空機まで、あらゆる工業製品をデザインする仕事です。なかでもamadanaでは、「デザイン家電」と呼ばれる電化製品を中心に手がけています。最近は、使い勝手がよいだけでなく、おしゃれで洗練されたデザインで、インテリアとしても楽しめる家電が注目されているんです。

仕事は、まず調査からスタートします。たとえば、ひとり暮らしの女性向けの冷蔵庫だとしたら、どんなサイズがよいのか、どんな色や形が好まれるかなどを調べます。そして、何度も手描きのスケッチをくりかえし、製品の形や使う素材を決めていくんです。プロダクトデザイナーは、製品の外観を中心にデザインする仕事ですが、これを考えるには、製品の構造も理解していないといけません。そして、スケッチがある程度形になったところで、パソコンを使って、より具体的なデザイン案をつくります。そして、デザイン案ができあがったら、工場で試作品をつくってもらいます。一度でイメージ通りのものはできないので、何度も試作をくりかえして、よりよいものをつくるために工夫していきます。

また、パッケージデザインも大切な仕事です。製品のイメージや魅力が伝わりやすい内容を考えて、デザインします。パッケージも商品の一部なので、時間をかけてつくります。デザインイメージの市場調査から店頭に並ぶまで、早いもので数か月、製品によっては、1年以上かかるものもあります。

Q どんなところがやりがいなのですか？

自分のアイデアが商品になり販売されること、そして、たくさんの方に使ってもらえることが、何よりうれしいし、やりがいになります。

電車の中やまちで、自分が手がけた商品を持っている人を見かけると、まるで好きな人をぐうぜん見かけたときのように、ドキドキします。

自分がつくったものが、だれかの役に立ったり、世の中を便利にしたりするというのは、ものづくりならではの特別な喜びだと思います。

Q 仕事をする上で、大事にしていることは何ですか？

どんな人とでも気持ちよくコミュニケーションを取れるように心がけています。この仕事は、プロダクトデザイナーのぼく以外に、進行を管理するマネージャーや、製品の内部構造を設計するスタッフ、素材を準備してくれる会社の人、製品をつくる工場の人など、さまざまな人たちとの連携が必要です。製品の企画を考えてから、発売されるまでにはとてもたくさんの人が協力しています。発売までのスケジュールをきちんと守るためにも、関係者とスムーズな連携をすることが大切です。

試作品を手に、デザインについて打ち合わせをする伏見さん。

amadanaが開発した製品。右から時計回りに、オーブントースター、電卓ケース、電卓、電話機。

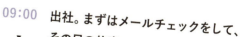

伏見さんの1日

09:00	出社。まずはメールチェックをして、その日の仕事のスケジュールを確認
10:00	社内打ち合わせ
11:00	デスクワーク。プロジェクトの進捗管理、デザイン案の作成など
12:00	ランチミーティング
13:00	取り引き先との商品開発会議
15:00	デスクワーク。企画、デザイン案の作成、提案資料の作成など
18:30	退社

Q なぜこの仕事をめざしたのですか？

ぼくの父はDIY※が大好きで、休日には棚やぼくの学習机をつくってくれました。ぼくも、よくいっしょに手伝っていましたね。そんな父の影響もあって、ものづくりの仕事には小さいころからずっとあこがれがありました。

高校生のとき、ものづくりを仕事にできそうな進路を調べてみると、開発や研究といった理系の分野だけでなく、デザイン系の分野もあることに気がつきました。自分がやりたいのはデザインの方だと思い、専門雑誌を読むうちに、プロダクトデザイナーという職業があることを知りました。

それからはプロダクトデザインを学べる大学をめざし、入試で出されるデッサンの課題対策のため、野球部の練習の合間をぬって、予備校に通いました。

Q 今までにどんな仕事をしましたか？

大学卒業後、大好きな野球の経験を活かして、スポーツ用品メーカーにプロダクトデザイナーとして就職しました。そこでは、スパイクやシューズなどをデザインしていました。働いて5年間経ったころ、「スポーツをする人だけが使う商品ではなく、もっと多くの人が使うものもデザインしたい！」という思いが芽生え、転職しました。

自社製の家電だけでなく、いろいろな企業とのコラボレーション（共同開発）による商品づくりにも力を入れていること、自分が以前から商品を愛用していたことから、amadanaを選びました。

社内にある畳敷きスペース。中央のこたつ用の机も、amadanaの製品。

Q 今の会社では、どんなものをデザインしましたか？

印象に残っているのは、広島のラジオ局RCCと共同でつくった真っ赤なラジオです。赤い色は、プロ野球球団「広島東洋カープ」のカープレッド。わたしたちの会社とRCCと広島カープがコラボレーションした製品です。ラジオ機能のほか、Bluetooth※スピーカー機能や、スマートフォンの充電機能、目覚まし時計の機能もあります。

これは、以前、民間FMラジオ局ネットワーク（Japan FM League）と共同でつくった、木目デザインのラジオをベースにしています。それを見たRCCの担当者から、「広島でラジオを聴く習慣がない人にも、もっとラジオを身近に感じてもらえるしかけをしたい」というご相談をいただき、実現しました。

広島カープファンの人たちがこのラジオをきっかけに、それまで聴かなかったラジオを聴くようになり、さらにスマートフォンと連動させるようになり……と、ものを通じて、たくさんの人たちの生活が豊かに変わっていく。そんなことを想像すると、「いい仕事をしたな」と誇らしい気持ちになりますね。

ぼくは広島カープの大ファンなので、仕事で関わることができたのも、うれしかったです。

社長にデザイン案へのアドバイスを求める伏見さん。「社長とも直接話せる社風です」

上の木目ラジオをもとにして、『Amadana Music Radio「RCC×広島東洋カープ」リミテッド エディション』（下）を生みだした。

用語 ※DIY ⇒ Do It Yourself の略。家具づくりや内装工事などを自分自身で行うこと。

Q 仕事をする上で、むずかしいと感じる部分はどこですか？

よいアイデアが浮かんでこないときはつらいですね。そんなときは、まちにでかけたり、野球の試合を観たりして、頭の中をリセットするようにしています。

また、ただ単に「かっこいい」「きれい」「美しい」というデザインだけでは、お客さんにはふりむいてもらえないんです。これからの家電は、スマートフォンやパソコンと連動したり、むずかしい操作をボタンひとつでできるようにするなど、当たり前の生活をより便利に、より暮らしやすくするための、工夫をすることが必要になってきていると思います。

Q ふだんの生活で気をつけていることはありますか？

つねに新しいアイデアが求められるプロダクトデザイナーは、時代の変化や流行に敏感でなければなりません。家電に関するニュースだけでなく、ほかの業界の話題や世の中の動きもしっかりチェックし、あらゆることに好奇心をもって生活することを心がけています。

そのため、プライベートでも、つねにどこか仕事モードです。人の暮らしの変化から新しいプロダクトデザインが生まれることも多いので、友人と遊ぶときや家族で集まるときなどは、「大勢で集まるとき、こんなものがあったらいいんじゃないか」「こんなものがあったら便利だな」などと、つい考えごとや観察をしてしまいます。それだけ、ぼくはこの仕事が大好きで、やりがいを感じているんです。

Q これからどんな仕事をしていきたいですか？

「当たり前」と思われていたものの形を、デザインの力でより新しく、より価値のあるものに変えていきたいです。

わたしたちの会社は、「家電メーカー」ではなく「ライフスタイルを提案する会社」であることをめざしています。ぼく自身も、ものづくりを通じて、人々の生活を豊かにしたり、新しいものに変えたりしていきたいと考えています。

最近では、家電、アパレル、音楽、文具といった業界の間にあった垣根がどんどんなくなってきているんです。例えばアパレルの会社が文房具をつくったり、インテリアのコーディネートを手がけたりなど、いろいろな例があります。ぼくは、これは今までにない製品をデザインする絶好のチャンスだと思っているんです。これまであまり接点がなかった業界どうしで手を組んで、世の中の「当たり前」をくつがえすような製品をつくってみたいと思っています。

同僚と製品の使い心地を試す。レコードプレーヤーは、音源をパソコンに保存できる。ボトル型のモバイルバッテリーは、旅行やキャンプで、スマートフォンを10台くらい充電できるほど大容量。

プロダクトデザイナーになるには……

多くの場合、メーカーやプロダクトデザインの制作会社に就職し、デザインをしている部署に配属されてプロダクトデザイナーになります。プロダクトデザイナーになるのにとくに必要な資格はありませんが、大学の工学部やデザイン系の学部、専門学校などで学び、デザインの基礎を身につけておくとよいでしょう。何年か会社で実績を積んだあと、独立する人も多いです。

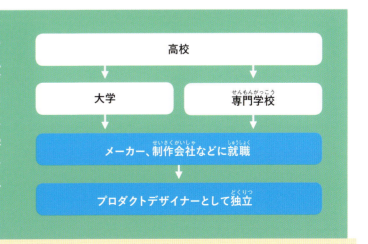

用語 ※Bluetooth ⇒ 近距離無線通信技術のひとつ。Bluetoothを利用すれば、パソコンやスマートフォンなどとキーボードやイヤホンを無線でつなぐことができる。

Q プロダクトデザイナーになるにはどんな力が必要ですか？

形がかっこいいとか、かっこ悪いという意識だけでなく、最新の世の中の動きや、人々に今何が求められているかといったことに、気づくことのできる力だと思います。ぼくは、世の中で流行していることがあれば、たとえ興味がないことだったとしても、「何なんだろう？」で終わるのではなく、「なぜ人気があるんだろう？」と、少しほりさげて考えてみるようにしています。

amadanaは「家電にデザインという価値を取りいれた先駆者」といわれてきました。でも、今ではさまざまな家電が登場し、おしゃれにデザインされた家電は当たり前のものになっています。だからこそ、これからも、固定概念にとらわれることなく、時代が求めるものを感じとり、新しいことを提案しつづけていくことが必要だと思っています。

・ノートパソコン・
・手帳、ペン・

PICKUP ITEM

ノートパソコンは、デザインを考えるとき、情報収集をするのに欠かせない。手帳には、スケジュールをびっしりと書きこんで管理している。使い勝手のよいペンとセットで持ちあるく。

伏見さんの夢ルート

小学校 ▶ プロ野球選手
小学3年生から野球を始め、地元・広島カープの選手にあこがれた。

▼

中学校 ▶ ものづくりができる仕事
何かをつくるのが好きで、ばくぜんとものづくりができるような仕事に就きたいと思った。

▼

高校 ▶ プロダクトデザイナー
理系科目が得意だったので、当初は大学の工学部に進学しようかと思った。しかし調べているうちにプロダクトデザイナーという仕事を知り、プロダクトデザインが学べる大学に進学。

▼

大学 ▶ プロダクトデザイナー
大学卒業直後は、特技の野球を活かしてスポーツ用品メーカーに就職した。

Q 中学生のとき、どんな子どもでしたか？

小学3年生のころから野球を始めて、中学でも野球部に入りました。ポジションはショートです。中学3年生のときにはチームのキャプテンをまかされ、毎日はりきって練習にはげんでいましたね。何かと人を引っぱる立場になることが多く、クラスでは学級委員もつとめていました。

当時好きだった科目は、体育、社会、数学、理科、美術です。小さいころからものづくりだけでなく、絵を描くことも好きだったので、美術の時間はいつも楽しみでした。点描画の作品が「よく描けている」と評価され、校内だけでなく、市役所などで巡回展示されたこともあります。自分が手がけたものを多くの人に見てもらえる喜びを感じたこの経験は、今の仕事につながっているかもしれません。

また、当時から家電や文房具などへのこだわりは強くもっているほうでした。雑誌を読んだり、お店でカタログを何冊ももらってきたりして、自分なりに情報収集していましたね。

「当時、夢中になっていた野球マンガ『H2』は、全巻、何度も読みかえしました」

Q 中学のときの職場体験は、どこに行きましたか？

2年生のとき、修学旅行のプログラムの一環として、職場体験がありました。ぼくたちは8人くらいの班で、リストにあった選択肢から、大阪にあるIT系の会社に行きました。

その会社は、外出先の携帯電話から自宅のエアコンを操作できるなど、スマートハウス※の先がけになる通信システムなどを開発していました。当時のぼくにとってはわくわくするような仕事でしたね。

そこで、ぼくたちも、通信ネットワークと携帯電話がつながっているかどうかを実験する「システムチェック」の仕事を実際にやらせてもらいました。無事につながると光が点灯するのですが、それを見て、「未来をつくる仕事だ」「かっこいい」とあこがれました。そして、「自分も世の中の役に立つものづくりの仕事がしたい」と強く思いました。

修学旅行での伏見さん（右）。大阪、京都、奈良を訪れた。大阪では、職場体験先の社員たちと、「どんなことができたら、世界はもっと便利になるか」について議論もした。

Q この仕事をめざすなら、今、何をすればいいですか？

身のまわりにあるものに対して、そのデザインになっている理由を考えてみましょう。「なぜポストは赤いのか？」「なぜテレビは四角なのか？」それぞれの理由を知ることで、「自分ならこうする」という新たな発想が出しやすくなります。

アイデアは、自分の知っていることの組み合わせから生まれます。中学生の時期は、いろいろなものに興味をもち、知っていることをどんどん増やしてください。ぼくも中学のころは、野球、ものづくり、絵などに興味をもってチャレンジしました。何かを知るために、手と頭を実際に動かすことが、柔軟なアイデアを生むための土台になると思います。

－ 今できること －

ふだんの暮らし

家の中には、プロダクトデザイナーがデザインしたものがたくさんあります。テレビ、エアコン、冷蔵庫など、毎日の生活の中で、それが使いやすくなる工夫や、色や形の理由について考えてみましょう。

そんな「なぜ」や「もっとこうだったらいいのに」という視点が大事です。工業製品は、世の中の流行にも影響を受けるものです。新聞やテレビ、インターネットをチェックして、ニュースや情報に敏感でいる習慣も身につけましょう。

 国語 いっしょに仕事をする人やお客さんにデザインの意図を説明するときなど、国語の授業で学ぶ内容が活きてきます。表現力と語彙力をみがいておきましょう。

 社会 世の中で求められているのは何かを知るためには、公民をはじめ、地理や歴史など、社会の時間に学習する基礎知識が必要になってきます。

 数学 デザイン画を描くときには、数学で学習する図形の知識が欠かせません。また、統計の分析をする際にも数学の力が役立ちます。しっかり勉強しておきましょう。

 美術 デザイン画を描くときには、デッサン力が必要です。また、色彩感覚などもみがいておきましょう。

用語 ※スマートハウス ⇒ 冷暖房機器と家電をネットワーク化し、情報をやりとりしながら、エネルギーをむだなく使う機能をもった家。

File No.54
生活雑貨バイヤー
Household Goods Buyer

プラザスタイル
小泉春乃さん
入社4年目 26歳

海外のかわいい雑貨を紹介して、日々の暮らしを楽しく幸せにしたい

タオルやスリッパ、文房具や時計など、わたしたちの暮らしに欠かせないさまざまな雑貨。お店に並ぶ生活雑貨は、どのようにつくられたり、選ばれたりしているのでしょうか。プラザスタイルの生活雑貨バイヤー、小泉春乃さんにお話をうかがいました。

Q 生活雑貨バイヤーとはどんな仕事ですか？

プラザスタイルは、全国の「PLAZA」や「MINiPLA」の店舗で、さまざまな生活雑貨を販売しています。わたしの仕事は、お店に並べる雑貨を決めることです。自分自身が「かわいい」「部屋に置きたい」と思う雑貨を探しだします。

雑貨は、海外からの輸入が中心になっています。それ以外だと、国内でオリジナルの商品を企画・生産したり、日本のメーカーから買いつけたりすることもあります。

商品を探して店頭に並べるまで、3か月から半年かかります。まずは海外の雑誌やSNS（Instagram※など）をチェックし、海外でどんな雑貨が流行しているのかを調べます。そしてその結果をもとに、お客さまの暮らしに役立つかどうかや購入してくれそうな客層、売りだす時期などを検討し、企画書をつくります。そして企画が社内で通ったら、メーカーと仕入れ価格や個数を交渉し、買いつけます。

企画によっては、雑貨のデザインを変えて販売する場合もあるんですよ。例えば以前、クリスマスに販売する商品を企画していたとき、スヌーピーのふつうの形のスリッパを見て、「もっと暖かい商品にしたほうがよいのでは？」と思ったんです。そして、メーカーと交渉して、スヌーピーの顔をあしらったブーツ型のルームシューズを企画しました。スヌーピーは、はば広い層に人気があるので、サイズは少し大きめにして、多くの人がはきやすいようにしました。

すると、これが大好評で、たちまち売り切れとなりました。クリスマスプレゼントとして購入しやすい値段にしたことも、よい結果につながったのかもしれません。店頭で販売する価格を決めるのも、バイヤーの大切な仕事なんです。

小泉さんが手がけた生活雑貨。左はスヌーピーのブーツ型ルームシューズ。ほかにも置き時計やクッション、ランドリーバッグと、生活を便利にするアイテムが並ぶ。

社内での打ち合わせのようす。商品サンプルを手に取りながら率直な意見をぶつけ合う。

小泉さんの1日

- 09:00　出社。まずはメールチェック
- 10:00　売り上げチェック
- 12:00　ランチ
- 13:00　社内での打ち合わせ
- 13:30　商品の企画を進める
- 14:00　メーカーとの商談
- 15:00　会議
- 16:00　店舗視察のため外出
- 18:00　外出先からそのまま退社

© 2018 Peanuts Worldwide LLC　www.SNOOPY.co.jp

用語　※ Instagram ⇒ スマートフォンを使って、写真や動画を共有できるサービスのこと。

Q どんなところがやりがいなのですか？

まだ日本の家庭では使われていない便利な雑貨や、「これはかわいい！」と思うものを、世の中に発信して、暮らしを楽しく、幸せなものにできるところです。

自分が買いつけたり、企画したりした商品が店舗に並んで、たくさんのお客さまの手に渡っていくのは本当にうれしいです。さらに、SNSで、「お店でひと目ぼれして購入しました！」「かわいいので気に入っています！」などと、商品の写真やコメントが投稿されているのを見たときなどは、多くの人に喜んでいただけたことが実感できて、とても幸せな気持ちになりますね。

Q 仕事をする上で、大事にしていることは何ですか？

どんなにいそがしいときでも、商品の企画は納得がいくまで練ることにしています。さまざまな事情から、雑貨の色や形、使い勝手などが制限されてしまうこともありますが、そんなときは、その商品の販売自体を断念することもあるんですよ。

また、店舗に足を運ぶことも大切です。お客さまのようすを観察したり、店舗の担当者から話を聞いたりして、つねにお客さまの目線で雑貨の企画を考えるんです。

SNSも、よくチェックするようにしています。お客さまが投稿した写真を見て、「わたしが企画したクッションが、ぬいぐるみと組みあわせて部屋に飾ってあるとかわいいな。今度は、クッションとぬいぐるみのセットを考えてみよう」などと、新しい企画を思いつくこともあるんですよ。

店舗視察のようす。「お客さまの反応や商品の売れゆき、品ぞろえの希望などについて、担当者にくわしく聞きます」

Q なぜこの仕事をめざしたのですか？

小学生のときにアメリカのテレビドラマ『フルハウス』に夢中になったり、父の影響でビートルズの音楽を聴いたりしたことから、海外の文化に興味をもつようになりました。

海外のキャラクターや雑貨が好きになったのは中学生のときです。今でこそ人気の『スポンジボブ』ですが、当時日本では、あまり知られていませんでした。でも、そのころからわたしは『スポンジボブ』のぬいぐるみのキーホルダーが売られているのをいち早く見つけ、カバンにつけていたんです。その後、自分が気に入った海外の雑貨がだんだんと日本で流行していくのを感じたときはうれしかったです。そんなことが何回か続き、将来は海外の文化や暮らしを日本に伝える仕事をしたいと思うようになりました。この会社に入りたいと思ったのも、輸入雑貨をメインにあつかっているということが大きな理由のひとつです。

Q 今までにどんな仕事をしましたか？

入社後はまず、店舗で販売の仕事をしました。そして3年目に本社へ異動となり、オリジナル商品の企画開発をすることになりました。入社前からブランドやキャラクターとのコラボレーション※に興味があったので、うれしかったですね。その後、短期間ですが専門学校へ通い、デザインを学びました。自分がデザインした商品が、店頭に並んだときは感激しましたが、いっぽうで、新しいものをつくりだすことのむずかしさも痛感しましたね。

入社4年目に、企画開発とバイヤーの部署が統合されたため、念願のバイヤーの仕事ができるようになりました。今は、海外で人気の雑貨に、スヌーピーなど『PEANUTS』のキャラクターをあしらい、日本で販売する企画をおもに手がけています。いそがしいですが、充実した毎日を過ごしています。

雑貨のアイデアをまとめるノート。「世代により、雑貨に求めることはちがいます。例えば、10代向けの商品は、機能性などより、かわいらしさを追求することが大切です」

用語 ※ コラボレーション ⇒ ちがう分野の人や会社が協力して行う開発、制作のこと。

Q 仕事をする上で、むずかしいと感じる部分はどこですか？

商品の企画が始まってから実際に店頭に並ぶまでに、短くても3か月、長ければ半年かかるので、その間、自分がやっていることが正解かどうかわからなくなることです。

自分が進めている商品の企画がお客さまに受けいれられるかどうかは、商品が店頭に並ぶまでわかりません。もちろん、自信をもって送りだしている商品ですが、実際にお客さまの反応がわかるまでは、つねにドキドキしています。

自分が手がけた商品がすべてヒットするわけではありません。値段が高すぎたとか、使いづらいところがあったとか、さまざまな理由で、期待したほど売れないこともあります。そういうときは、やっぱりつらいですが、お客さまの反応がよくなかった原因を分析し、その反省を次の企画に活かすようにしています。こうした経験の積みかさねによって、バイヤーとしての感覚がみがかれていくのだと思います。

Q ふだんの生活で気をつけていることはありますか？

まちで見かける人の暮らしを想像してみたり、お店に並ぶ商品や雑誌の特集、Instagramなどをよくチェックしたりしています。世の中で何が流行していて、次はどんなブームがやって来るだろうと、つねに考えて過ごしています。

とくに海外で発行されている雑誌は、色づかいやデザインの参考にもなりますし、流行を知ることもできるので、毎月必ず読みます。自分で買って読むもの、会社で回ってくるものを合わせると、毎月15冊は目を通していますね。

仕事で、日々の生活に使うものをあつかっているので、ふつうに暮らしていると、ついつい頭が仕事モードになってしまいます。なので、大好きな外国の映画を観たり、会社のフットサルチームで汗を流したりと、仕事を忘れてリフレッシュする時間をつくることを心がけています。

メガネ置き

PICKUP ITEM
小泉さんが入社する前に、PLAZAで買った『PEANUTS』のメガネ置き。パソコン用メガネの指定席として、いつもデスクに置いてある愛用の品だ。

Q これからどんな仕事をしていきたいですか？

プラザスタイルは、ニューヨークにオフィスがあります。ニューヨークオフィスの駐在員は、日本で売れそうな商品を現地で発掘したり、商品の仕入れ交渉を担当したりしています。いつかはわたしも駐在員になり、ニューヨークで働いてみたいというのが大きな目標です。

まずはバイヤーとしてヒット商品をたくさん生みだして、いずれは海外での展示会などの視察を任される立場になりたいです。そして、現地の雑貨屋さんをめぐって、日本でヒットしそうな商品を見つけてきたいですね。

生活雑貨バイヤーになるには……

生活雑貨バイヤーには、商品の知識や時代の流れを先取りするセンスが必要です。ほとんどの人は、雑貨をあつかう会社に就職し、商品企画などの部署に所属しています。雑貨店の店員になるのなら、高校卒業後やアルバイトとしてでも可能ですが、商品の企画や買いつけに関わる仕事をしたいのなら、大卒以上が応募資格となる本社の社員になる必要があります。

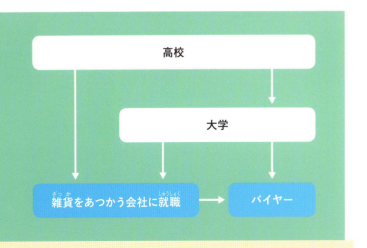

© 2018 Peanuts Worldwide LLC　www.SNOOPY.co.jp

Q 生活雑貨バイヤーになるにはどんな力が必要ですか？

想像力と、日常生活に根ざした判断力が必要だと思います。毎日の暮らしの中から「こんなものがあったら便利だな」と想像をめぐらせる力と、生活の場面を思いうかべながらその商品が本当に求められるものかどうかを判断する力は、何より大切なものだと思います。

また、よりよい企画を生みだすためには、簡単にはあきらめない粘りづよさとチャレンジ精神も必要です。

店舗視察では、お客さまの会話に耳を傾けて情報収集。「『この色の方がいいよね』『もっと○○だったらいいのに』など、本音が聞けて本当に参考になります」

打席に立つ中学時代の小泉さん。思い出がつまったソフトボールのグローブとボール（左）、後輩たちからの寄せ書き（下）。

Q 中学生のとき、どんな子どもでしたか？

からだを動かすのが好きな中学生でした。ソフトボール部に入っていて、足が速かったので、1番打者とセンターを任されていました。また、3年生の6月に部活を引退してからは、地域のサッカーのクラブチームに入りました。練習は月に2回と、そこまでハードではなかったので、受験勉強の息ぬきで適度に運動ができて楽しかったですね。

得意というほどではありませんでしたが、好きだった科目は英語です。英語の先生が、授業の一環として英語の歌を歌う時間を設けてくれていたのが楽しみでした。父の影響でふだんから洋楽を聴いていたおかげか、発音をほめられて、校内の英語弁論大会に3年連続で登壇しました。

英語弁論大会では、3年生のときに学校の代表として市の大会に出場する機会もありました。その当時、エチオピアの飢餓救済募金を目的に結成された、音楽のチャリティー・プロジェクト「BAND AID」を題材に、有名ミュージシャンたちが世界の問題に取りくんでいることについて、英文の原稿をつくりました。わずか3分ほどでしたが、大勢の前でスピーチをしたのは、とても貴重な経験になりました。

小泉さんの夢ルート

- **小学校 ▶ 通訳→絵本の翻訳家**
  海外のスターやサッカー選手へのインタビューを見て、通訳にあこがれた。そのあと、本で翻訳家の仕事を知り、興味をもった。

- **中学校 ▶ ピクサーの社員**
  テレビで映画制作会社ピクサーのようすが紹介されていて、ここで働きたいと思うように。

- **高校・大学 ▶ 海外の文化や暮らしを日本に伝える仕事**
  キャラクターやおもちゃをはじめとする海外の文化や暮らしにふれ、その魅力を日本に伝えたいと考えた。

小泉さんが学校代表として出場した英語弁論大会の原稿（手前）と、当日のプログラム。

Q 中学のときの職場体験は、どこに行きましたか？

1年生のときに3日間、「アクティブ3DAYS」という職場体験学習がありました。先生の用意した候補から地元の幼稚園を選び、クラスの数人で体験に行きました。子どもが好きで、人に何かを教えることにも興味があったからです。

体験した仕事の内容は、朝のそうじや園児との外遊び、先生の手伝い、遠足の引率などでした。体験後の事後学習では、それぞれの職場体験をテーマに新聞を作成しました。

Q 職場体験では、どんな印象をもちましたか？

大勢の園児の相手をするのは、想像以上に大変でした。子どもたちはみんな性格がちがうので、それぞれに合った対応をする必要があるし、園児の動きにふりまわされて体力をどんどん消耗します。それに比べ、先生たちは視野が広く、ひとりひとりへの対応力や判断力が優れていて、本当にすごいなと思いました。

3日間、全力で向きあったことで、子どもたちが日ごとに成長していることがよくわかりました。前日できなかったことが翌日できるようになっていたり、ちょっとした声がけで、自分で考えて行動できるようになったり。「人はこうやって成長するんだ」と初めて目の当たりにして、感動しました。

Q この仕事をめざすなら、今、何をすればいいですか？

がんばっておいてほしいのは、英語の勉強です。あとは、暮らしの中で、ふだん何気なくやっている行動に、少し意識を向けてみてください。機会があったら留学に挑戦して、海外の暮らしや文化を体験してみるのもよいかもしれません。

そして、自分の好きなことについて、たくさん語れるようになってください。なぜそれが気になるのか、なぜ好きなのか、とことん考えることが大切です。わたしの場合は、海外の文化や暮らしに興味をもちつづけ、疑問に感じたことをいろいろな視点から考えたり、自分なりの提案を見つけたりしてきました。その経験の積みかさねが、今の仕事にも役立っていると思います。

自分が関わった商品が店に並んでいるのを見るととてもうれしくなります

－ 今できること －

ふだんの暮らし

生活雑貨バイヤーや商品企画の仕事には、生活者としての感覚と、時代の流れをいち早く感じとる感性が必要です。ふだんから家の手伝いをしたり、日々の生活で使う道具に意識を向けたりしてみましょう。また、ニュースや雑誌、WEBサイトなど、さまざまなメディアに積極的にふれることも大切です。

学校で何かが流行したときなどは、それがみんなに受けいれられている理由は何か、この流行はいつまで続きそうかなど、自分なりに予想して、観察してみましょう。

 国語 社内外で企画について議論したりする際には、国語の授業で学習する発表の力や語彙力が役立つでしょう。

 社会 海外と取り引きを行うときには、各国の歴史や地理、文化についての予備知識があると役立つでしょう。

 数学 商品の原価から利益を計算するような場面も多いです。数学への苦手意識をなくしておきましょう。

 美術 色彩感覚や形のバランスなど、美術の授業で習う内容は、商品のデザインを考えるときに役立ってきます。

 英語 海外とやりとりをする際の共通語は英語です。文法や語彙はもちろん、作文や会話の力も身につけましょう。

© 2018 Peanuts Worldwide LLC   www.SNOOPY.co.jp

仕事のつながりがわかる
住まいの仕事 関連マップ

住宅を購入する場合

ここまで紹介した住まいの仕事が、それぞれどう関連しているのか、住宅を購入する場合の例を見てみましょう。

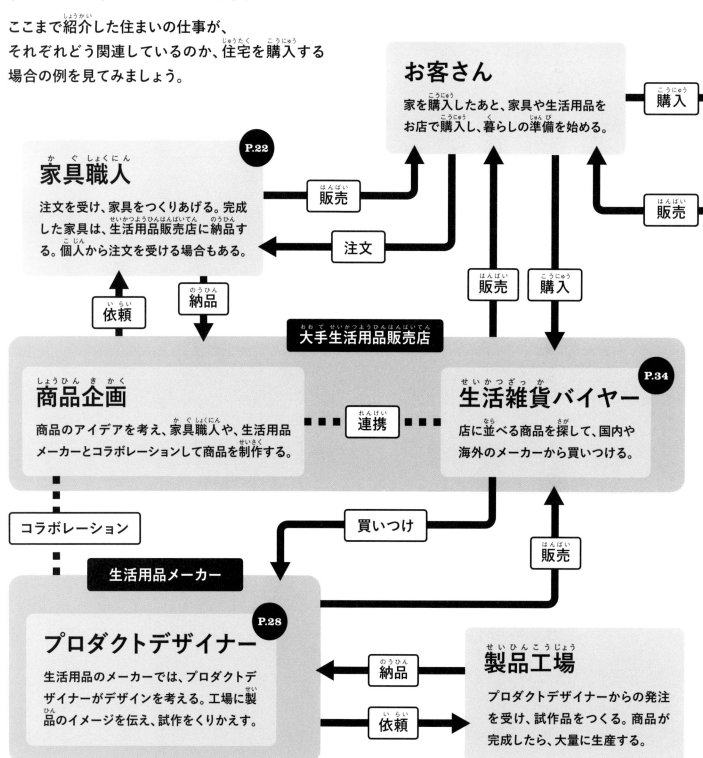

※このページの内容は一例です。会社によって、仕事の分担や、役職名は大きく異なります。

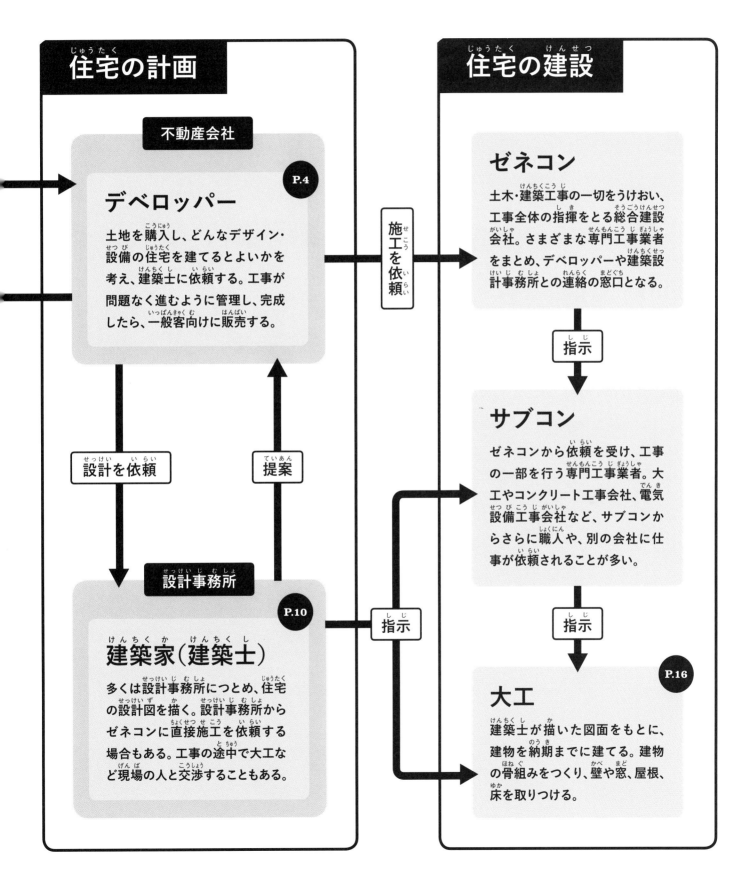

これからのキャリア教育に必要な視点 10
芸術と暮らしをつなぐコミュニケーション

▶ 建築家という仕事のすばらしさを実感

今から10年前ほど前、わたしは自宅を新築しました。

わたしが考えたコンセプトは「元気が出る家」です。家に帰ると、元気が出るような家を建てたいと思って、建築家に依頼しました。1年もの間、2週間に1回ほどの頻度で建築家と会い、打ち合わせをしました。大きなわく組みを決めるところから始めて、だんだん細かい部分へと話をつめていったのですが、毎回、話をするのがとても楽しみでした。というのも、建築家が、わたしや家族の思いを具体化するような設計アイデアをつぎつぎと提案してくれたからです。建築家というのはすごい仕事だな、と思ったものです。

やがて家が完成すると、完成式には建築家だけでなく、建設をしてくれた大工さんなど、建築に関わった人たちが来てくれました。みんなの思いを結集した家ができたことがうれしくて、外からは見えない部分に、サインをしてもらいました。今ではよい思い出です。

▶ コミュニケーション力が大事

住まいに関連する仕事をめざす人たちに求められるものは3つあります。ひとつ目は、「人びとの心を豊かにし、暮らしをよりよいものにしたい」という思いです。多くの人が家に求めているのは技術力やデザイン性だけではなく、人に優しくて、安心安定を生む環境ではないでしょうか。そんな環境をつくりだすためには徹底的に住む人の目線で考えることが必要です。

ふたつ目は、相手の考えを引きだすコミュニケーション力です。美しいもの、かっこいいものを求める心が人間にはありますが、どんなにデザイン性が高いものでも、使う人の要望に合っていなければ喜んでもらえません。使う人の気持ちによりそい、使う人の心を想像して考えられたデザインこそが、住まいに求められます。

デザインと暮らしをつなぐには、使う人の要望を知る必要がありますが、その人が自分の思いを的確な言葉で、わ

中学校での美術の授業時間数の変遷（1年間あたり）

	1972年度〜	1981年度〜	1993年度〜	2002年度〜	2017年度〜
1年	70	70	70	45	45
2年	70	70	35〜70	35	35
3年	35	35	35	35	35

1・2年生を中心に、美術の授業時間は2000年ごろから減ってきている。現在の学校は英語学習やプログラミングなどに力を入れている。

出典：『中学校における各教科等の授業時数等の変遷』文部科学省

群馬県前橋市にあるアーツ前橋は、2016年度から芸術家が学校へ出向いてワークショップや授業を行う「アーティスト・イン・スクール」を実施している。芸術家と小中高生がともに学び、制作に取りくむことを通じて、表現力やコミュニケーション力を養う。左の写真は、アーティストの住中浩史さんが前橋市立第六中学校に滞在して、「学校の中でだれかが何かをしたくなるアイテム」を制作している風景。

かりやすく表現してくれるとは限りません。だからこそ、コミュニケーション力が求められるのです。この力を高めるには、自分の考えを言葉や作品にして表現することから始めるとよいと思います。何かを表現すると、それを見聞きした人が感想を言ってくれて、そこからコミュニケーションが生まれるからです。あるいは、グループで何かひとつのものをつくる過程で、自分の思いを伝え、友だちの思いを受けとめる、ということをくりかえすのも効果的です。

文部科学省でも「芸術表現を通じたコミュニケーション教育の推進」を目標としてかかげており、デザインやアートを通してコミュニケーション力を高めようとしています。

▶ 生活の中で感性を育む

3つ目は、新しいデザインを生みだすための感性をみがくことです。そのためには、優れたデザインやアートにふれることと、表現することの練習をしていくことが大事なのですが、残念なことに、中学校では美術などの芸術系の授業時間が減る傾向にあります。例えば、以前は美術の時間が週に2時間はあったのですが、今は週1時間程度です。

そうなると、ふだんの生活の中で芸術的な感性を育む必要が出てきます。例えば、部屋のインテリアを考えてみることも、その一環となります。自分の部屋を安心できる空間にするために、家具の配置や小物をどう工夫できるか、考えてみてはどうでしょう。そうしたことを考えながら生活していると、まちの中を歩くだけでもヒントになることがたくさん見つかるはずです。そんな経験を積みかさねることで、将来に活きる発想力が育まれるでしょう。

また先生たちは、自分が使っている道具のデザインに、ほんの少しこだわってみてはいかがでしょうか。先生がふだんからデザイン性の高いものを使っていれば、子どもたちには刺激になります。そして、なぜ気に入っているのか、どんなつくりが便利なのか、どんなところが美しいと思うのか、そんなことを子どもたちと語りあってみてください。

PROFILE

玉置 崇

岐阜聖徳学園大学教育学部教授。愛知県小牧市の小学校を皮切りに、愛知教育大学附属名古屋中学校や小牧市立小牧中学校管理職、愛知県教育委員会海部教育事務所所長、小牧中学校校長などを経て、2015年4月から現職。数学の授業名人として知られる一方、ICT活用の分野でも手腕を発揮し、小牧市の情報環境を整備するとともに、教育システムの開発にも関わる。文部科学省「校務におけるICT活用促進事業」事業検討委員会座長をつとめる。

構成／林孝美

さくいん

あ
一級建築士 …………………………… 6、7、13
Instagram ……………………………… 13、35、37
インターンシップ ……………………………… 18
インテリア ………………………… 25、29、31、43
SNS ……………………………………… 13、35、36
親方 ………………………………… 23、24、25、26

か
買いつけ ………………………… 35、36、37、40
家具職人 …………………… 22、23、25、26、27、40
家具製作会社 ……………………………………… 25
笠木 ……………………………………………… 23
企画開発(企画・開発) ……………………… 6、36
割り小刀 ………………………………………… 23
グローアップ・プロジェクト ……………………… 18
けずり出し ……………………………………… 23
建設会社 …………………………… 5、11、13、19、41
建設・不動産業界 ………………………………… 6
建築科(建築学科) ………………… 6、8、14、18、20、25
建築家(建築士)
 ………… 7、10、11、12、13、14、15、16、17、18、20、41、42
建築計画学 ………………………………………… 6
建築設計事務所 …………………… 5、6、7、13、18、20、41
建築大工技能士 ………………………………… 19
工房 …………………………………………… 22、25
工務店 …………………………………………… 19
コラボレーション ………………………… 30、36、40

さ
集合住宅 ………………………………………… 17
職業訓練学校 ………………………………… 19、25
職場体験 …………………… 8、9、15、20、21、27、33、39
スピーカー機能 ………………………………… 30

た
スマートハウス …………………………………… 33
スマートフォン ……………………………… 30、31、35
生活雑貨 …………………………… 34、35、37、38、39
生活雑貨バイヤー(バイヤー)
 ……………………………… 34、35、36、37、38、39、40
製材 ……………………………………………… 23
設計図 ……………………………… 10、11、12、13、18、41
造作 …………………………………………… 19、21
反がんな ………………………………………… 23

た
大工 …… 11、12、14、16、17、18、19、20、21、24、26、41、42
宅地建物取引士 …………………………………… 7
建方 ………………………………………… 17、18
DIY ……………………………………………… 30
デザイン家電 ……………………………………… 29
弟子入り ……………………………………… 19、25
デッサン ……………………………………… 30、33
デベロッパー …………………… 4、5、6、7、8、9、41
店舗視察 ……………………………… 35、36、38
棟梁 ……………………………………………… 19

は
ハウスメーカー …………………………………… 5、6、7
Bluetooth ………………………………… 30、31
プロダクトデザイナー ……… 28、29、30、31、32、33、40

ま
木製家具 ………………………………………… 24
モバイルバッテリー ……………………………… 31

や
輸入雑貨 ………………………………………… 36

ら
リノベーション …………………………………… 12
リフォーム ……………………………………… 6、18

【取材協力】
小田急不動産株式会社　https://www.odakyu-fudosan.co.jp/
DELICIOUS COMPANY INC.　https://www.delicious.ooo/
株式会社平成建設　https://www.heiseikensetu.co.jp/
株式会社KOMA　https://www.koma.gs/
amadana株式会社　https://www.amadana.com/
株式会社スタイリングライフ・ホールディングス　プラザスタイル カンパニー
https://www.plazastyle.com/company/

【写真協力】
小田急不動産株式会社　p5
DELICIOUS COMPANY INC.　p12
株式会社スタイリングライフ・ホールディングス　プラザスタイル カンパニー　p36、38
アーツ前橋　p43

【解説】
玉置崇（岐阜聖徳学園大学教育学部教授）p42-43

【装丁・本文デザイン】
アートディレクション／尾原史和・大鹿純平
デザイン／水野 咲・石田弓恵

【撮影】
平井伸造

【執筆】
小川こころ　p4-9、p22-39
林孝美　p42-43

【企画・編集】
西塔香絵・渡部のり子（小峰書店）
常松心平・中根会美（オフィス303）

キャリア教育に活きる！
仕事ファイル10
住まいの仕事

2018年4月7日　第1刷発行
2022年2月20日　第3刷発行

編　著　　小峰書店編集部
発行者　　小峰広一郎
発行所　　株式会社小峰書店
　　　　　〒162-0066 東京都新宿区市谷台町4-15
　　　　　TEL 03-3357-3521　FAX 03-3357-1027
　　　　　https://www.komineshoten.co.jp/
印　刷　　株式会社精興社
製　本　　株式会社松岳社

©Komineshoten
2018 Printed in Japan
NDC 366 44p 29×23cm
ISBN978-4-338-31803-7

乱丁・落丁本はお取り替えいたします。
本書の無断での複写（コピー）、上演、放送等の二次利用、翻案等は、著作権法上の例外を除き禁じられています。本書の電子データ化などの無断複製は著作権法上の例外を除き禁じられています。代行業者等の第三者による本書の電子的複製も認められておりません。